AF444301

* 9 7 8 9 9 4 8 3 9 0 4 9 7 *

نبذة عن الكاتب

عبد الرحمن المحيميد؛ كاتب سعودي مهتم بالقراءة والكتابة، ويعتبر كتاب "في بيت الجدة حصة" أول مؤلفاته في مجال قصص الأطفال، كما سيصدر له كتاب آخر موجّه للأطفال أيضاً قريباً من دار أوستن ماكولي.

حاصل على درجة الماجستير في العلوم الهندسية عام 2015 م من جامعة الملك عبد العزيز بجدة، كما أنه حصل على البكالوريوس من الجامعة نفسها، ويعمل حالياً في المجال الهندسي.

مؤمن بأن الطفولة هي الذكريات الخالدة والخيال الخصب لأي كاتب.

من أقواله: لا يهم إن كان ما أقرأه موجّه للأطفال فقط؛ فأنا لا أحب تخصيص ذلك، يكفيني أنني أجد في جعبة القصص التي أعيش بين تفاصيل سطورها قيماً يصعب على بعض الكبار ممارستها وحتى فهمها.

في بيت الجدة حصة

عبد الرحمن محمد المحيميد

AUST**I**N MACAULEY PUBLISHERS™

LONDON • CAMBRIDGE • NEW YORK • SHARJAH

حقوق النشر © عبد الرحمن محمد المحيميد (2019)

الرقم الدولي الموحد للكتاب 9789948390497 (غلاف ورقي)

الرقم الدولي الموحد للكتاب 9789948390480 (كتاب إلكتروني)

رقم الطلب: MC-02-01-1972112

التصنيف العمري: 6-9

تم تصنيف وتحديد الفئة العمرية التي تلائم محتوى الكتب وفقاً لنظام التصنيف العمري الصادر عن المجلس الوطني للإعلام.

الطبعة الأولى (2019)

أوستن ماكولي للنشر م. م. ح

مدينة الشارقة للنشر

صندوق بريد [519201]

الشارقة، الإمارات العربية المتحدة

www.austinmacauley.ae

+971 655 95 202

الإهـداء

إلى عين ابنى التي أقرأ بها صفحات قصص الأبطال؛ بيتربان وماوكلي وطرزان.

إلى أول ضحكة له والتي خلقت لي أجنحة وتعلمت الطيران.

إلى دمعاته التي أغرقت بؤبؤ عيني وانحبست بداخلها.

إلى أول لحظات حياته التي كتبت لي عمراً آخراً بقلب آخر، وإيقاع نبض مختلف.

إلى أجمل أمنية، والتي تسلل صوتها من نافذة حجرتي المفتوحة في ليلة اكتست بالنجوم؛ فتحققت وتكوَّن هو.

إلى طفولتي التي أسترجعها كلما قفز؛
إلى الطفولة العذبة كتبت وسأكتب.

هذه أنا سارة

أتلاحظون كم أُشبه جدّتي

هذه جدّتي حصة

اسم على مسمى؛ فهي لؤلؤة العائلة، لها في قلوب أفراد العائلة حصة من المحبة ولي في قلبها مجموعة حصص؛ فأنا حفيدتها الوحيدة.

كبرت كثيراً وازداد طولي، وأصبح عقلي قادر على جمع الأرقام وطرحها، وقسمتها وضربها حتى أنني تمكنت من قراءة الكتب وسرد القصص، وهذه أول قصة أكتبها بخط يدي، ولا أُخفيكم بأنني تعبت من تكرار الأحرف وإعادة كتابة الجُمل والكلمات؛ حتى تحسّن خطي لتتمكنوا من قراءته والاستمتاع معي بأحداث القصة التي أنوي سردها.

أُحبك جدتي

هذا خطّي عندما كان عمري سبع سنوات، وهو الزمن الذي وقعت فيه هذه القصة.. ما رأيكم بخطّي؟ غير واضح وغير مفهوم أليس كذلك؟!

الجملة التي كتبتها هي؛ (أحبك جدتي)، ومازلت أذكر هذه الرسالة مكتوبة على ورقة مسطّرة، والتي وضعتها لها فوق آلة الخياطة الخاصة بها؛ قبل أن تصحو من النوم، وهي تحتفظ بها هنا منذ ذلك الوقت.

الآن وأنا في التاسعة من عمري، أصبح خطّي مفهوماً ويمكنكم البدء بالقراءة، وأرجو أن تستمتعوا معي؛ فأنا أحبُّ هذه القصة كثيراً.

كان ياما كان ....

في مكان قريب جداً من البنايات العالية التي تصل السماء، يقع بيت الجدة حصة.

كانت سارة تلعب.. تقفز مع الأرانب التي تحبها الجدة حصة وتربيها.

لعبت سارة.. وعندما تعبت؛ توقفت لترسم.

15

رسمت سارة الأرانب ولوّنتها بألوان زاهية لا تشبه ألوانها الحقيقية.

أحمر.. أخضر.. أصفر.. أزرق.. وأيضاً بنفسجي.

وفي ذلك الوقت

كعادتها كل صباح تقضي الجدة حصة وقتها أمام آلة الخياطة، مستمتعة في تفصيل وقص الأقمشة الملونة بألوان جميلة؛ فهي تجيد تنسيقها وربطها ببعضها بالخيوط، ويزيد من متعتها صوت المذياع، والتي تحرص على وضعه بجانبها.

اسمعي البلبل ما بين الحقول يسكب الألحان

في فضاء نفخت فيه التلول نسمة الريحان

لا تخافي يا فتاتي فالنجوم تكتم الأخبار

وضباب الليل في تلك الكروم يحجب الأسرار

الجدة حصة تخيّط وتخيّط.. المذياع يغني ويتراقص مع الغناء.. سارة تقفز أحياناً.. تلعب مع الأرانب أحياناً.. ترسم وتلوّن أحياناً.

تسلل صوت يشبه الطرق على الباب.

بدأ الصوت ضعيفاً، ومع الوقت ارتفع حتى أصبح أعلى من صوت المذياع وآلة الخياطة.

توقفت سارة عن اللعب واتجهت صوب الباب لتفتحه، دون أن تسأل من هو الطارق؛ وما الغاية من الطرق.

توقفت الجدة حصة عن الخياطة، وتركت من يدها الأقمشة واتجهت سريعاً نحو الباب.

قالت الجدة حصة.

سارة انتظري، لا تفتحي الباب دون أن تتأكدي وتسألي من الطارق وماذا يريد، لا تفتحي هذا الباب؛ فمن خلفه قد يقف الغريب والقريب، وتأكدي بأن الأغراب في القلب هم الأغراب خلف الباب؛ فلكل بيت خصوصياته؛ كما للقلوب أسرارها.

وعندما سمعوا صوت الطارق يقول:

"سارة ابنتي حبيبتي، افتحي الباب أنا ماما".

فتحت سارة الباب لأُمها وارتمت في أحضانها.

صديقتي مها

لم تستوعب سارة جميع ما قالته الجدة؛ سوى أنها تعلَّمت عدم فتح الأبواب حتى يجيب الطارق ويعرِّف بنفسه، وأيضاً أضافت أبواباً وأقفالاً للقلوب التي رسمتها في كُرّاستها؛ ما عدا القلوب التي تحمل أسماء أفراد عائلتها وأصدقائها.